꿈을 향해 가는 길

서문

문학에 대한 소회를 밝히기 전 우선 내가 처한 이 현실에 관해서 말하지 않을 수가 없다.

이것 또한 이 책에 그 심경이 드러나 있다.

내가 당면한 문제를 해결해 줄 여자의 문제가 해결되지 않았다.

그동안 오랜 세월이 흘렀고 이렇게 나이가 들었는데도 나에게 올가미를 걸어 움직이지 못하게 하는 것이 다만 안타까울 뿐이다.

합의제에 의한 대법원 판결도 아니고 개인이 인생에 대한 사랑에 대한 일생일대의 중요한 문제를 좌지우지하는 것은 인격 침해에 해당한다고 본다.

사회단체에라도 호소하고 싶다.

제발 이제 올가미를 풀어주세요.
이별을 할 때 하더라도 제발 만나서 대화하게 해주세요.

차례

제1부 불멸의 시

불멸의 시	11
기다림	12
명불허전	14
젊은 시인에게	15
재능	16
존경하는 그대에게	17
그만하면 되었습니다	18
젊은 시인에게 2	20
나의 분신	21
품성의 차이	22
선배를 추모하며	24
천상병 시인을 기리며	26

제2부 꿈을 향해 가는 길

꿈을 향해 가는 길	31
바람이 가는 길	32
하늘	34
좋은 일	36
애완견 기르기	38
돌아가리라	39
동시 시청	40
가을 풍경	42
그리움의 봄비	43
미완성 작품(사그라다 파밀리아 성당)	44
커피 사랑	45
허무	46
사랑의 본능	47
세월 유수	48
봄은 온다	50
흙에 살리라	51
낙엽 전경	52

원망하지 않겠습니다	54
신의 뜻	55
동창생에게	56
누이를 추모하며	58
관악산 산행	60
조생종 벚꽃	61
설악산의 산삼	62
벚꽃을 위하여	64
배를 띄웁시다	65
독신의 조짐	66
예견된 일	67
서녘으로 간다	68

제3부 시크릿 가든

시크릿 가든	71
도깨비	72
완전한 사랑	73
미운 사람	74
귀인	76
그대의 자격	77
그대의 노래	78
그대에게	79
굴복하지 않습니다	80
사랑의 불시착	82
여자친구를 그리워하며	84
나는 의자왕	85
도깨비의 권리	86
꽈배기 사랑	88
자이언트	90
벚꽃이 지기만을 기다리고 있습니다	92
그대 세월	94

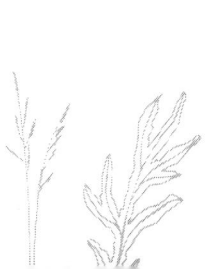

제1부

불멸의 시

불멸의 시

언젠가는
불멸의 시를 쓰리라
언젠가는
수많은 사람의 가슴을 흔들어
잊히지 않는 시를 쓰리라

세상의 위대한 작품도
작고 우연한 발견에서 비롯될 수 있기에
곤충의 더듬이처럼 촉수를 세우고
마음을 열어 바라보리라

그리하여 때가 되면
잘 포착하고
이를 완성하여
언제까지나 빛나는
불멸의 시로 살리라

기다림

내 인생은 기다림으로 점철된
오랜 여정이다

어려운 생활의 과정 속에서
막연한 인생의 탐구와 방황
삶의 비애로 절룩거리던
나의 청소년기는
미래로 나아가는 과정
그 기다림

시골 생활을 접고
도시인으로서의 생활과
좋은 시를 쓰고 싶어
적절한 때를 기다리는
오랜 기다림

일과 사랑에 성공하기 위해
귀인을 기다리며
그 과정이 길어져서
기다린다는 인식마저 잊어버려
어둡고 힘든 늪에 빠진
질긴 기다림

시인으로서
완성의 정점에 다가가기 위한
연구와 노력의 바탕 위에
부족함을 채우기 위한
기다림의 세월

기다림의 연속인 나의 인생에
축복 있으리라

명불허전

바쁘게 돌아가는 세상 속에서
유독 그대만이 밝게 비추이며
많은 사람이 뜨겁게 환호한다 하여도
언젠가는 제자리로
자리매김을 하게 될 것이다

그대가 나를
애써 무시하며 모른 체하거나
냉대하지 않아도
이미 나는 오랫동안 어둠 속에서
외롭고 힘들게 조명받지 못한 채
살아왔어요

명성은 허위로 전해지지 않는답니다

일시적인 현상에 집착하여
눈에 보이는 무언가에 현혹되어
욕심을 부리지 말고
세월이 가면
진정으로 자신이 빛날 수 있게
그만한 무언가를 하세요

젊은 시인에게

시가 아닌 허상을 쫓는
시인이 되어서는 안 된다

시가 아닌 잡문에 비중을 두는
그런 시인이 되는 것도
바람직하지 않다

일시적인 현상에
사로잡혀서는 안 된다

상을 받지 않으면
아무것도 아닌 사람이
되어서는 안 된다

끊임없이 모색하고
끊임없이 탐구하여 시를 써서

시 그 자체로 빛나고
존경받는 시인이 되어라

재능

글을 쓸 수 있는 환경
그것이 좋지 않다고
핑계를 대고
게으르기까지 한 데다가
작은 성취에 도취하는
졸렬함이라니
기가 찬다
정말 나는
재능이 없나 보다

많은 길을 잃어버리고
가야 할 길은 멀기만 하고

나의 시는
아직 부족함이 많은데

한때 싸락눈같이 잠시 내리던
재능을 잃어버리고
허허벌판 앞에
이렇게 서 있다

존경하는 그대에게

그대는 타고난 가수로서
고령에 이르러서도
고운 목소리로 노래합니다

젊어서부터
아름다운 자태와
폭넓은 교양인으로
인기와 찬사를
한몸에 받았습니다

주변을 바라보는 시선도
모든 사람과 사물에도
자애로운 마음과
겸양의 태도로 대하여
신비롭기까지도 합니다

노래에 대한
그 열정도 충만하지만
안타깝게 그대를 바라보는 것은
히트곡이 많지 않다는 것입니다

그만하면 되었습니다

일찍이 당신은
산업화와 민주화의 과정에서
시대 상황을 비판하며
독재에 저항하여
큰 역할을 하였습니다

그동안 당신은
그 역할에 대한 보상으로서
많은 것을 누리며
문학 권력의 상징으로서
한 시대의 명사로서
존재가치를 스스로 높이려 애썼습니다

당신이 한때
잘못이 있었다 하더라도
너무나 많은 것을 누리는 데 대한
질투가 없었더라면
힘들게 항변하는 사람이 없을 것입니다

당신은 지금까지 충분하게
그 역할을 다하였습니다

그만하면 되었습니다

젊은 시인에게 2

의미 없는 시 백 편보다
좋은 시 한 편이 더 낫다
많은 시를 쓰려는 욕심보다
좋은 시를 쓰려는 목적에
주안점을 두라

쓰는 것에 대한 노력보다
쓰기 전의 그 배경이 될 요소
작품의 요인이 될
핵심의 에피소드에
관심을 기울여라

그리하여 좋은 시가 될 주제에
주안점을 두어
심혈을 기울여
입체적으로 구축하여
완성하라

나의 분신

내 영혼이 오롯이 담긴
나의 책 나의 분신

서문을 쓰고
모든 것이 인쇄되어
책으로 엮여
출판사에서 서점으로
독자에게로 가는
그 과정이
얼마나 신비롭고 가슴 설레는 일인가

누군가에게 다가가서
영향을 주고
자극을 주고
위안을 주고
그 옆에 오래 머물러 있기를
기원해본다

품성의 차이

그대가 자신을 내세우기보다
타인을 잘 배려하고
어려운 길을 가는 사람들을
자애로운 시선으로 바라보고
많은 것을 노래하기를 좋아하는 것은
영혼이 아름답기 때문입니다

그대가 연령이 높지만
사람들을 널리 사랑하고
유독 마음속에 둔 사람에게
사랑의 표현을 잘하고
만나보기를 소망하는 것은
로맨틱한 품성 때문입니다

이러한 그대에 비해서
어떤 사람의 행동이
나를 놀라게 합니다
같은 시대에 같은 길을 가는 동년배인데도
자신이 잘난 체하며 무시하고
상대방을 냉대하는 것을 볼 때
이것은 품성의 차이입니다

선배를 추모하며

선배를 추모하며
문학관을 찾아갔습니다
선배를 추모하며
비 내리는 오후에
그곳을 찾아갔습니다

생전에 선배는
극심한 가난에 시달리며
문학에 매진하여
성공을 이루었습니다

성공을 이루어
독자들과 의사소통을 원활히 하여
문학인의 귀감이 되었습니다
비록 출판업자로서
개인적인 결실을 얻지 못했지만
선배는 작품으로 빛나는
문학인이었습니다

지상을 떠나는 선배에 대한
슬픈 마음을 달래며
문학관 주변을 서성이는데
연못가에 있는 겹벚꽃은
떨어져 내리고
옷깃을 적시고 내리는 봄비와
계곡을 흐르는 물소리는
내 마음을 달래주는 듯하네

천상병 시인을 기리며

일찍이 당신은
평범하고 좋은 인생을 살 수 있는
길을 버리고
그 싹을 잘라내었습니다

취업의 길도 버리고
좋은 학교도 중퇴하고
가난하고 비루한 시인의 길을
홀로 걸어갔습니다

그것이 좋은 시인의 길이라고
생각했습니다
당신은 좋은 시를 쓰기 위해서는
무엇이든 할 수 있는 사람이었습니다

당신의 노력에 비해
시인으로서의 업적이
충분하다고는 할 수 없으나
훌륭한 시인의 길을
외롭게 걸어갔습니다

오늘도 이 땅에는
당신과 같은 길을
걸어가는 사람들이 있습니다

당신의 흔적을 기리며
존경의 마음을 담아 보냅니다

제2부

꿈을 향해 가는 길

꿈을 향해 가는 길

그 길이 어렵고 위태하고
너무 오랜 세월이라
더러는 좌절하기도 했지만
서두르지 않고
끈질기고 집요하게
한발 한발 나아가리라

지금까지는
너무나 고독하게 버텨왔지만
이제 조력자가 생겨
마음이 든든하다

내가 사랑하는 그녀가
꿈을 향해 나아가는 동지로서
사랑과 꿈을 함께 실천하게 되어
너무나 좋고 행복하다

바람이 가는 길

바람은
겉으로 드러난 세상 어디에나
다가간다

도시의 뒷골목에서도
깊은 계곡에서도
바람은 분다

사라졌다가 다시 살아난다

허허로운 발판에도
깊은 숲속에도
바람은 분다

바닷가에도 산꼭대기에도
하늘에도 바람은 있다.

상념에 젖고 고뇌하는
시인에게도
기구한 인생에 아파하는
여인에게도

바람은 다가와
가슴을 파헤치고
때로는 달래어준다

하늘

누군가를 사랑하는 것은
하늘의 뜻이다

사랑하지 않고
평생 독신으로 사는 것은
하늘의 뜻을 거부한
고독한 인간의
고집스러운 길입니다

그렇다고 하여도
더 큰 하늘의 뜻인
죽음을 거부할 수는 없습니다
우리들의 글에도
가만히 보면
하늘의 뜻이
숨결처럼 녹아 있음이라

결국에는
삶의 이 모든 것이
큰 틀에 있어서는
하늘의 뜻
그 아래에 있다

좋은 일

거친 풍랑을 헤쳐가는
우리의 인생길에서
좋은 일이 있다는 것은
기대감으로 들뜨게 하는
축복이다

좋은 일이
흔치 않은 행운이라면
더욱 소중하게 여기고
확실하게 펼치려고
노력해야 한다

나에게 다가온
좋은 일을 잡으려고
십여 년에 걸쳐 노력했지만
실패만 거듭했는데

나에게 다가오는 귀인이 있어
힘을 모아 함께 헤쳐나갈
여인이 있어
내일은 기다리는 나의 미래에
축복 있으리라

애완견 기르기

외롭게 살아가는
내가 측은했던지
지인이 강아지를 선물할 테니
키워보라고 하네요

정중하게 거절하고
생각에 잠겼다

귀여운 강아지를
이뻐하고 보살펴주기도 해야 하지만
정신적으로 감당할 수 있고
책임질 수 있는
마음의 태세가 되어야만
하는 것이다

남녀 간의 사랑도 마찬가지다
어울리기도 해야 하지만
감당할 수 있는
마음의 태세가 되어야만
하는 것이다

돌아가리라

돌아가리라
언젠가는 고향으로 돌아가리라

내가 태어나고
젊은 시절이 깃든 그곳
인생의 회한과 처절한 마음의 고통이 함께하던 곳
이제는 그 모든 것을 잊어버리거나
마음속에 묻어두고
고향으로 가리라

고향으로 가는 것을
내세우지 못하고
아무도 몰래 혼자 방문하던 그곳
언젠가는 고향으로 돌아가리라

살아생전에 가지 못한다면
뼈를 묻으러
고향으로 가리라

동시 시청

나는 때때로 텔레비전을 보면서
휴대폰으로 개인방송을
시청한다

텔레비전은 종합적으로 기획된
방송인 데 비해서
개인방송은
그야말로 개인적인 상황을 다루는
방송형태이다

이중적으로 동시에 두 방송을
시청하다 보니
때로는 중요한 장면을 놓치기도 하지만
개인방송은
동시에 쌍방 소통으로
교감을 할 수 있다는
장점이 있다

때로는 심리상태에 따라
한쪽 방송에 집중하고
다른 한쪽은 대충 흘려듣기만 하지만
방송 동시 시청은
새롭고 즐거운 체험이다

가을 풍경

온통 가을의 빛깔이 찬연하다

모과나무에는 모과가 탐스럽게 달려있고
잉어 떼가 노닐던 연못에는
물이 줄어들고
화려한 모습의 음악분수는 침묵을 지키고
가을바람에 마른 갈대들이 서걱거린다

연을 베어낸 곳에는
주황색 잎의 낙엽송만 몇 그루 허허롭고
무명시인의 시비 아래에
누군가 두고 간 꽃의 빛깔이 붉다

구름이 몰려오고 가을비가 다가온다

그리움의 봄비

그대와 나의 추억이 깃든 사연에
수많은 겨울이 오고 가고
아득하기만 하던 또 한 번의 봄이 다가오고
그리움의 봄비가 내린다

오랜 기다림에
만남을 기약하던 마음을 달래주듯이
대지 위에도 내 마음에도
촉촉히 비가 내린다

겨우내 움츠렸던 것들이
새싹으로 움터 올라오듯이
그리움이 아지랑이처럼
속삭이듯이 다가와
내일을 기약한다

미완성 작품(사그라다 파밀리아 성당)

자신의 인생에
미완성으로 남을 수밖에 없는
작품이라 할지라도
일생을 다 바쳐
심혈을 기울일 수 있는
가치 있는 역작이 있다면
그 자체만으로도
가슴 벅찬 행복한 길을 가는 것이다

커피 사랑

입에 맴도는
쓴맛이 조금 깃들은 달콤함과
독특한 향취
뜨겁고 진한 당신의 향기를
가슴 깊숙이 들이마실 때의
그 황홀함 만으로도
당신을 사랑하기에 충분합니다

나른한 몸에 힘이 솟아나게 하고
마음을 충혈시키고
오감을 깨운다면
당신의 역할만으로도
칭송받기에 충분합니다

아뿔싸
사랑이 지나쳐
당신을 너무 마셔
신경을 흔들어 놓고
밤새 잠 못 들게 한다고 해도
그것마저 흔쾌히 받아들이겠습니다

허무

인간이 오랫동안 여러 방면으로
사색이 넓어지면 넓어질수록
사색의 기운이 더욱 높게
도달하면 도달할수록
결국 허무의 경지에 맞닥뜨리게 된다

인간은
허무감 때문에 자손번영의 본능에 충실하여
자신의 유전자를 심어
후대에까지 영속성이 이어지길 바라며
또한 명성을 남겨 자신이 기억되길 원한다

인간이 종교를 갖는 것은
죽음으로 종말을 맞이하는
허무에 대한 가장 직접적인 반작용으로서
영생을 얻기를 바라는
가장 간절한 욕망이다

사랑의 본능

살아있는 인간에게
여러 가지 욕망이 있듯이
사랑의 본능이 있다

연륜이 더해가도
마음은 젊듯이
생생하게 느껴지는
사랑의 본능이 있다

사랑의 고백도
불편한 것이 아니라
자연스러운 것이다

어느 순간에 이르러
사랑의 기쁨이 없다면
그 무슨 낙으로 인생을 살아갈 것인가

세월 유수

그대에게로 다가가는 여정에
세월이 유수같이 흘렀습니다

오랜 기간 가시밭길을 걸어왔고
때로는 몽환의 세월에
그대의 존재조차 잊어버리고
하루하루를 살아왔지만
지금 생각하니
그간의 과정이 후회스럽기만 합니다

이렇게 늦게 그대를 만나
평범한 사람들처럼
가정을 이루며
사랑을 가꾸어 갈 수 있는지는
알 수 없지만
그대를 생각하는 것만으로도
가슴이 벅찹니다

유수 같은 세월에 기대어
나에게 새로운 봄이 다가오기를
기다리고 있습니다

봄은 온다

봄은 온다
겨울 같은 삶을 살아가는
당신에게도 나에게도
기어코 봄은 온다

마음속의 굴레 속에
갇혀 있는 나에게도
철창 속에 구속되어 있는 당신들에게도
언젠가는 훈풍의 봄바람이
불어오리라
봄은 우리들의 얼어붙은 가슴을 풀어주는
계절의 축복
누구에게나 봄은 차별 없이 다가온다

꽃샘추위에 움츠러들어도
설사 계절을 방해하는
눈이 흩뿌려진다 하여도
기어코 봄은 온다

흙에 살리라

너무나 부유하고 존귀한
그녀와 이별하고
평범한 여인을 선택한
내 마음을 대변한 노래
흙에 살리라

고향의 여자와 연분을 맺고
부귀영화를 버리고
흙에 살리라

방송에서 이 노래가 나오면
나의 선택을 잘한 것으로 생각하며
빙긋이 미소짓는다

낙엽 전경

하늘은 높고
형태를 알 수 없는 저 구름은
말없이 어우러져서
몰려간다

지상에는 바람이 휘뿌리며
나를 감싸돌아
스산한 가을의 음악으로
이곳을 스쳐
지나간다

나뭇가지에는
낙엽이 되기 전의 잎들이
바람에 서로 맞닿아
달그락거리는구나

떨어지는 낙엽은
땅을 구르며 휩쓸리어
몰려간다

가던 길 멈추고
계절의 변화와 풍경에
마음이 쏠려
잠시
쳐다본다

원망하지 않겠습니다

당신에게서 떠나서 올 때
다른 곳으로 가지 못하도록
오랜 기간 올가미를 걸었지만
원망하지 않겠습니다

당신도 많은 것을 희생하고
어렵게 긴 세월을 통해
다가와 준 것이기에
원망하지 않겠습니다

이별로 끝난 사이지만
너무나 매력적인 당신이기에
원망은 하지 않겠습니다

신의 뜻

남자는 노년에 이르러서도
임신이 가능하다
거기에는 아마 신의 뜻이 있으리라

동창생에게

오랜 세월에 걸쳐서
어렵게 나에게 다가온 그녀
손꼽히는 재벌인 그녀
너무나 매력적인 그녀에게서
돌아서기란 너무나 힘든 일이었어요

학교 동창생을 통해서
그녀와 만남의 주선을 부탁했어요

그녀는 지체 높은 여자라서
다리를 놓아줄 신분 있는 사람이
필요했어요

두 갈래 길에서 망설이는
내 마음을 알고 있는 학교 동창은
그 부탁을 거절했네요

그 일을 계기로
오로지 나만 바라보고 기다리는
평범하지만 젊고 예쁜 그녀에게로
운명적인 귀환을 결행했어요
그 거절은 신의 한 수였다고 생각해요

누이를 추모하며

작은 장애를 가진 당신은
큰 장애를 가진 부군과
거친 풍파를 겪으며
불행한 결혼생활을 했습니다

불행하고 참혹한
친정의 가족사를 함께 겪었는데
험악하고 위태로운 고난의 결혼생활을 지켜보니
마음이 아팠습니다

그럼에도 불구하고
가까운 거리에 있는 동생인 나를
돌봐주었습니다

당신이 세상을 하직하였을 때
실감이 나지도 않고
편안하고 좋은 곳으로 갔다는 생각에
눈물이 나지 않았습니다

그럴진대
이승의 기구한 삶을 끝낼
그날이 오면
기어코 다시 만나지리라

관악산 산행

과천에서 오르는 산행
똑같은 코스로 관악산을
수없이 올랐다
여름의 산행 하산길에 계곡에서
머리와 발을 담갔는데
오늘은 또 잔설이 남은 이곳
겨울 산행을 한다

관악산 정상에 서면
내 여자처럼 아름다운 이곳
오랫동안 머무르고 싶다

내 여자는
오랫동안 만나지 못했지만
관악산에 올라
보고 싶은 그 마음을 달랜다

조생종 벚꽃

벚꽃이 피어나야
그녀를 만날 수 있는 운명이라
며칠째 벚꽃 봉오리만 살피며
일기예보를 듣고 있다

이런 내 마음을 아는지 모르는지
날씨는 찌뜨리고 쌀쌀하기만 하네

매화와 목련과 개나리
빨리 피는 봄꽃을 구경하며
벚꽃이 피기만은 기다리고 있는데
이게 웬일인가
대부분의 벚꽃은 피어나기도 전인데
이미 만개한 벚꽃이 있었다

인간에게도 선각자가 있듯이
빨리 되는 조생종이 있었던 것이다
나와 같이 기다리는 사람을 위해서
빨리 피어나 봄을 알리는 벚꽃이 있었다

설악산의 산삼

언제였던가
산에 미쳐 떠돌던 시절

설악산 용아장성을
혼자서 대형배낭을 메고
무작정 종주하려고 했던 적이 있다

땀을 너무 많이 흘려서
종착지의 도착을 앞두고
식수가 떨어져 하산했다

절벽에 가까운 숲을
어렵게 헤치고 계곡으로 내려오는데
빨간 열매가 달린
식물의 군락지를 보고
무심코 내려왔다

이후에 그것이 산삼이라는 것을
알게 되었다

인적이 없는 그곳이니
지금도 그 산삼이 자라고 있을까
남몰래 뿌리로 영양분을 흡수하고
약 성분을 축적하고 있을까

그 산삼처럼
지금도 숨어서 자신의 역량을 키우고
때를 기다리는 인간이
어딘가에 있을 것이다

벚꽃을 위하여

사람들은 봄날의 환한 벚꽃을 보기 위해서
수많은 벚나무를 심는다
그러나 벚꽃이 피는
절정의 기간은
그리 길지 않다

벚꽃이 하얗게 피는
절정의 기간은
또 며칠에 지나지 않는다
그렇지만 그 순간을 위해
수많은 벚나무를 심는다

우리네 인생도
이와 같음이라
자신이 원하는 빛나는 성공을 위해
오랜 세월 심혈을 기울여
모든 것을 다 바친다 하여도
너무나 당연하다 할 것이다

배를 띄웁시다

오늘을 위해
오랜 세월 어렵게 견디어 오며
준비해온 나

오늘을 위해
많은 사연의 강을 건너
나에게 다가온 그대

힘들었던 지난날을 서로 위로하며
함께 힘을 합쳐
배를 띄웁시다

힘겨웠던 지난날의 보상은
희망찬 미래로 나아가는 것
끊임없는 만선의 꿈을 싣고
함께 힘을 모아
배를 띄웁시다

독신의 조짐

나에게는 예쁘고 괜찮은
그녀들을 외면한
오래된 과거가 있었다

초저녁에 진주에서 출발해
새벽에 서울역에 도착한
기차 안의 동반자
밤늦은 나이트클럽에서
아침까지 놀아
최후까지 남았던 그녀와 나
힘든 산행길에서
그녀를 부축하며 하산했던 추억
경의선 열차에서 이야기꽃을 피웠던
아름다운 그녀

신붓감으로 훌륭한 그녀들이었지만
여성으로서 매력적인 그녀들이었지만
전혀 관심을 보이지 않았던
오래된 과거가 있어
독신의 조짐이 있었다

예견된 일

인생을 살다 보면
오래된 과거에 걱정하던 일이
그대로 들어맞아
현실에 전개되어 난감한 상황에 이르는
경우가 있다

이렇게 늦고 늦은
오늘의 사랑도
어쩌면 예견된 일인지도 모른다

오늘에 이르게 된 사랑도
내시의 구절에
여지없이 드러난
그 심리의 영향 탓이리라

서녘으로 간다

누구나
어쩔 수 있는 필연으로
서녘으로 간다

모두가 바쁜 하늘 아래
잘 알지 못하는 사이에도
서녘으로 간다

개인마다 차이도 있고
때로는 예고도 없이 빨리
서녘으로 간다

무엇하나 깨닫지도 못하고
멍때리고 있는 사이에도
서녘으로 간다

바람에 구름 흐르듯이
오늘은 하루 서녘으로 간다

제3부

시크릿 가든

시크릿 가든

나의 상황을 상징하는 제목의
나의 드라마

비밀의 영역 비밀의 남자
그 러브라인

기억도 행복이 될 수 있다
기억의 공유
그 기억은
사랑이 마음속에 머물게 한다

그대는
그 자체로 사랑스럽고 매력적인
충분한 대상이지만
현실감이 부족했어요

내 사랑에는
더 많은 스토리가 필요하고
잘나가는 그대에게 접근해야 할
필요성을 느끼지 못했어요

도깨비

불멸의 삶을 지향하는
도깨비
도깨비로 비견되는
내 삶의 드라마
공개적으로 눈에 잘 띄지 않는
나의 위상
종합적으로 나를 비유하여
지칭하는 언어
도깨비

신부를 필요로 하는 러브라인
보물을 찾아 역경을 이겨나가는
인생의 길은
내 현실과 닮았다

완전한 사랑

그대와의 사랑은
투자자로서 동업자로서
일을 함께 하며

오랜 사연을 겪어오며
사랑으로 얽혀 있고

줄줄이
사랑의 시로 맺혀 있으니

이만하면
완전한 사랑이 아닐까요

미운 사람

한때는 사랑했던 그대이기에
여전히 매력적인 그대이기에
비록 그대를 떠나왔지만

그대를 원망하지 않으려고 했지만
그대가 나에게 씌운 올가미
그 기간이 길어질수록
미운 마음이 점점 강해집니다

이미 그대에게서 떠나와
돌아갈 수 없는데
이렇게 오랫동안 올가미를 씌워
나의 길을 가로막아야 했나요

이렇게 나이가 많은 나에게
어려움에 처한 나에게
기회가 없는 나에게
길을 가로막아야 했나요

그대를 미워하지 않으려고 하지만
미워할 수밖에 없어요

귀인

그대는
오랜 세월 소망해온 내 사업에
투자해 줄 중요한 사람입니다

그대는
마지막 내 야망을 이루어 줄
주춧돌이 될 사람입니다

그대는
내 주변의 모두가 떠나가고
친구도 한 명 없는 나에게
지상에 남아
나에게 다가올
진정한 친구이자
영원한 반려자입니다

그대는
현실적으로도 매우 가치 있는 존재이자
두말할 필요도 없는
일생일대의 귀인입니다

그대의 자격

그대는 나의 동반자로서
내 사업체의 공동대표로서
성공가도를 달리기에 충분한
자격을 갖춘 사람입니다

이지적인 성품과 학습능력
예지력을 겸비한 지성인으로서
포용력을 갖춘 사람입니다

알 수 없는 머나먼 곳
그곳 별의 세계에서
나에게로 다가와 준 사람
그 과정의 오랜 고통을
견디어 준 사람입니다

정치 경력이 짧은 사람으로
대통령도 배출되는 이 세상에서
그대는 충분한 자격이 있는
그런 사람입니다

그대의 노래

그대에 대한 시를 쓰는데
그대의 마음이 담긴
애절한 노래가
텔레비전에서 흘러나오네요

그대가 나를 원망하는
이별의 노래가 애처로운데
내가 왜 모른 체했을까요

세월이 너무나 많이 흘러간 지금
후회가 많아
가슴이 아프고 안타깝네요

그대에게

이별이 너무 길다
사연이 너무 많다

나의 정신적인 장애로 인하여
그대에게 애매한 태도를 취한
나의 잘못이 크지만
많은 사연이 얽혀 있는
과거의 일이다

이별이 너무 길어
다가오는 과정에
세월이 너무 많이 흘러
그대가 다가왔을 때에는
연령이 너무 많아
아기를 가지기도 힘들고
안 가지기도 허전하고 어려운
애매한 상황에 이르렀네요

굴복하지 않습니다

굴복하지 않습니다
그대가
매력적인 여성이라고 하여도
나는 이미 마음이 떠나갔는데
올가미를 걸어
일 년이 넘게 구속하는데
굴복하지 않습니다

이렇게 늦은 나이에
사랑을 이루고
가정을 구성할 수 있는 기회를
그대가 뺏어가려고 하는데
굴복하지 않습니다

그대가 재벌이라고 해도
이렇게 하는 것은
아닌 것 같아요

세월이 흘러가서
너무 늦게
우리가 만난다고 해도
그대에게 굴복할 수는 없습니다

사랑의 불시착

북한사람으로 비유되는
내 신세 내 처지

오랜 세월
팽팽한 긴장감 속에서
나에게 다가오려고 애쓰던 그대가
갑자기 어느 날
나의 영역으로 불시착했어요

드라마에서
서로의 이질감을 극복해가면서
북한과 남한을 오가며
사랑을 구축해 왔지요

재벌인 그대에게는
나 자신이 사랑의 대상으로서보다는
현실적인 배우자로서
적합한 대상이리라는 것을
짐작할 수 있습니다

하지만 그동안 세월이 너무 흘러갔습니다

여자친구를 그리워하며

나에게는 오래전에 약속된
여인이 있어
그대와의 이별은
숙명처럼 다가왔지만

쓸쓸한 세상의 많은 날들
그대가 있어
한때 즐거웠던 지난날

하늘의 작은 구름이 배경을 이루고
풀과 나무의 숨소리를 들으며 걸었던
배곧생명공원

해바라기의 밭과
갈대숲 사이로 난 그길로
손을 잡고 걸었던 기억

흔들리는 그리움의 파도 속에서
잠시 추억에 기대에 본다

나는 의자왕

과거에 나는
많은 궁녀를 거느린
의자왕에 견주는 인물이었다
걸상을 뜻하는
의자왕이라고도 할 수 있다

수많은 여인이
나와 연관되는 드라마를 찍어
인기를 누렸었다

비록 나와 함께
인연이 이루어지지는 않았지만
그 추억만으로도
너무나 행복합니다

도깨비의 권리

눈에 잘 띄지 않는
나의 위상 도깨비

많은 시인들의 시가
교과서에 실리지만
나만은 예외이고

많은 시인들이 상을 받지만
나는 단 한 번도
받은 적이 없다

많은 시인들의 흔적이
인터넷에 소개되지만
나만은 그렇지 않다

시인이라면 누구나
책이 팔리면 인세를 받지만
나는 이십 년 가까이 되도록
단 한 푼 받은 적이 없었다

무명시인이 잘나가는 출판사로
성공했지만
나는 아직까지도
성공하지 못했어요
보이지 않는 당신이
나를 배척했다면
그에 따른 대가가 있어야 해요

이렇게 배척해 놓고
나의 길을 모두 막는다면
그것은
천부당만부당한 일입니다

꽈배기 사랑

비록 허구적인 요소가 강한
드라마이지만
내 인생의 밑바탕
내 캐릭터가 담긴 드라마
꽈배기 사랑
그 의미에는 이중적인 요소가 있다

그 제목처럼
사랑에 있어서 제대로 되는 게 없다
한 가지 문제가 생겨
해결되거나 다음 단계로 나아가면
새로운 문제가 발생해서
끊임없이 난감한 상황에 직면한다

드라마처럼
실제 내 인생의 사랑에 있어서도
이와 같다
오랜 세월에 걸쳐서
제대로 되는 것이 없고
이처럼 꼬여 있다

언제쯤이면
이러한 모든 것이 해결되고
진정한 봄을 맞이하려나

자이언트

그대와 나의 드라마
자이언트

제목처럼 나의 위상이 확고하고
그대에게 다가가는 길이
쉬웠더라면
우리의 사랑은 어렵지 않게
이루어졌을 것입니다

하지만 나의 위상은 가변적이고
어떤 면에서는 초라하기도 한데다가
그대는 예쁘지만
순진하기도 하고
너무 어렸습니다

허구적인 드라마이지만
팽팽한 긴장감 속에서
천국과 지옥을 오가는
탄탄한 스토리의 기반 속에서
황홀한 가운데
그대와 함께
행복한 나날이었습니다

벚꽃이 지기만을 기다리고 있습니다

내 일생에서 벚꽃이 피어나서
지기만을 기다려 본 것은 처음이다
힘의 구도에 의해서
그녀가 나에게 다가올 수가 없어
기다리는데

벚꽃이 피어나도 다가오지 않아
벚꽃이 지기만을 기다리고 있습니다

벚꽃이 피어나도 그녀가 다가오지 않아
벚꽃의 명소를 찾아다니며
위를 쳐다보며
벚꽃이 떨어지는 것을
바라보고 있습니다

벚꽃이 만개하고 오래되지 않아
조금씩 꽃잎이 떨어지는데
생각보다 빨리 떨어지지도 않는다

나무에서 초록색 이파리가 돋아나지만
꽃잎이 빨리 떨어지기를 바라는
내 마음 때문인지
그렇게 빨리 떨어지지 않는 것 같다

그렇지만 벚꽃이 오래가지는 않는다
연분홍의 희뿌옇고 환한 자태가
며칠 새 허전해 보이고
썰렁하게 변했다
비가 내리고 바람이 불자
벚꽃이 많이 졌다

조금 남은 벚꽃도
제발 빨리 져서
기다리는 그녀가 다가오기를
기대해 본다

그대 세월

그대의 꽃 같은 시절
남들이 부러워하는
최고의 여자라는 타이틀을
가지지 않았더라면
평범한 행복을 누리면서
살아왔을 것입니다

그대가 부귀에 현혹되어
사랑 없는 결혼을
하지 않았더라면
이별의 상처를 입지 않았을 것입니다

그대가 나에게로 다가오는
그 과정이라서
나를 상징하는 대상자와
인연을 맺지 않았더라면
배신으로 인한 리벤지 동영상으로
참혹한 이미지의 손상을
입지 않았을 것입니다

그대의 선택이 잘못되어
인생이 꼬여
꽃 같은 청춘이 묻히고
직장도 잃어
행한 인생을 살아왔네요

그대 행위의 결과로
우리의 인연이 서로 얽혀
오늘에 이르렀네요

이만큼의 연령에
무엇을 망설이겠어요
그대와의 인연을 소중하게 여기며
무엇이든지 그대가 원하는 대로
해줄게요
사랑만 오세요

꿈을 향해 가는 길

초판 1쇄 2022년 6월 10일

지은이 서청영원
발행인 김재홍
교정/교열 김혜린
마케팅 이연실
디자인 현유주

발행처 도서출판지식공감
브랜드 문학공감
등록번호 제2019-000164호
주소 서울특별시 영등포구 경인로82길 3-4 센터플러스 1117호{문래동1가}
전화 02-3141-2700
팩스 02-322-3089
홈페이지 www.bookdaum.com
이메일 bookon@daum.net

가격 10,000원
ISBN 979-11-5622-351-1 03810

문학공감은 도서출판 지식공감의 인문교양 단행본 브랜드입니다.

ⓒ 서청영원 2022, Printed in South Korea.
- 이 책은 저작권법에 따라 보호받는 저작물이므로 무단전재와 무단복제를 금지하며,
  이 책 내용의 전부 또는 일부를 이용하려면 반드시 저작권자와 도서출판지식공감의 서면 동의를 받아야 합니다.
- 파본이나 잘못된 책은 구입처에서 교환해 드립니다.